Sylwia Krawczak:

Träume einer Sommernacht mit dir

Sylwia Krawczak, 1976 in Polen geboren, lebt seit über zwanzig Jahren in Deutschland und wohnt in Wolfsburg. Sie ist Mutter und arbeitet im Bereich Soziale Arbeit einer Schule. Ihre Lyrik hat sie erstmals 2018 in Polen veröffentlicht. ‚Träume einer Sommernacht mit dir' ist ihr erster Gedichtband in deutscher Sprache.

Sylwia Krawczak

Träume einer Sommernacht mit dir

Liebeslyrik

© 2023 Sylwia Krawczak

Herstellung und Verlag: BoD – Books on Demand, Norderstedt

Printed in Germany

ISBN 978-3-7583-0277-0

Coverdesign: Klaudia Szczepański ,

https://klaudiaszczepanski.myportfolio.com/

Coverbild: René Oberholzer

Liebe ist, wenn der Morgenhimmel

beim Gedanken an Dich sich in ein

Rosenmeer verwandelt.

René Oberholzer

***

ich würde so gerne

für dich das Mädchen sein

mit dem du am Strand

ein süßes Bubble-Gum-Eis isst

ich würde so gerne

mit dir rumalbern

wie damals

als wir noch Kinder waren

und die Welt heil war

***

***

mit dir

schwebe ich

zwischen Fantasie und Realität

es fühlt sich an

wie ein Traum

aus dem ich nicht

geweckt werden möchte

***

***

ich verliere mich

in deine Stimme

meine Haut brennt

wenn du zu mir sprichst

ich träume

von deinen Lippen

die weich und leidenschaftlich

meinen Körper erkunden

mein Liebster

lass mich bitte nicht warten

komm bitte

und küss meine Träume wach

***

***

lass mich einmal

kosten

den Geschmack deiner Lippen

schließ die Augen

und fühle mich

lass dich verzaubern

von dem Moment

und das Universum

über unseren Köpfen

wird explodieren

***

***

in jeder Nacht

bauen wir Brücken

zueinander

das Sternenlicht

weist uns den Weg

zu den Orten

an denen unsere Seelen tanzen

und wir endlich

vereint sind

in demselben Universum

***

***

bitte beschütz mich
in deinen Armen
lass mich hören
wie dein Herz schlägt
es ist die schönste Melodie
ein Schlaflied
für meine Träume

***

***

du bist alles

was ich immer wollte

deine Liebe

berührt mich innig und wahrhaftig

ich schließe meine Augen

und schlafe ein

mit dem Glauben

an ein besseres Morgen

***

Lyriken der Nacht

verliebe dich in mich

mit einer Liebe

die schüchtern ist

wie auf einer alten schwarzweißen

Postkarte

so wie damals

wo schwarz war schwarz

und weiß

weiß

liebe mich ohne Lügen

und den grauen Halbwahrheiten

gib mir ein reines Herz

und schließe meines

in deiner zarten Hand

***

Fast nichts

ich kann dir
so wenig geben
nur eine Handvoll zärtlicher Wörter
nur ein paar Diamanttränen

du kannst mir
so wenig geben
nur ein Blick aus traurigen Augen
und die Magie
der unerfüllten Träume

so wenig
fast nichts
aber wenn wir zusammen sind
liegt uns die Welt zu Füßen

***

***

du und ich

berauscht von Liebe

die süß schmeckt

wie göttliche Ambrosia

hungrig nacheinander

trinken wir jeden Moment

von unseren leidenschaftlichen

Lippen

zusammen

sind wir so stark

dass wir Berge versetzen können

und so leicht wie Schmetterlinge

laufen wir über das Wasser

des Ozeans

zusammen

füllen wir mit Musik

die heilige Stille des Waldes

und erleuchten mit Regenbogen

graue Wintertage

ich existiere nicht ohne dich

ohne mich

gibt es dich nicht

du und ich

zwei Träumer

die nicht erwachen wollen

***

***

kalter Wind weht draußen

so heiß in deinen Armen

die Regentropfen spielen eine Melodie

ein Liebeslied

das ich von deinen Lippen gierig verschlinge

die Welt draußen existiert nicht mehr

nur du und ich

und der Rhythmus unserer Herzen.

***

***

in dieser Nacht

zählt nichts mehr

nur du und ich

hypnotisiert vom Glück

willenlos

verzaubert im Hier und Jetzt

in dieser Nacht

sei mir der Himmel

meiner Fantasie

nur von deinen Lippen

möchte ich meinen Traum trinken

und ein Gebet flüstern

dass der Morgen nie komme

***

Um Mitternacht unter den Sternen

um Mitternacht

unter Millionen von Sternen

ich küsse zärtlich deine Lippen

es fällt mir so schwer

auf Wiedersehen zu sagen

die eisige Kälte der Nacht

kann uns nicht erreichen

weil die Liebe in unseren Herzen

heiß und leidenschaftlich ist

haltlos wie ein Vulkan

ich schau dir in die Augen

und verliere mich restlos

in der Tiefe unserer Nähe

so gerne möchte ich vergessen

dass es Zeit ist zu gehen…

***

Happy New Year

frohes neues Jahr mein Schatz

wieso bist du jetzt nicht da

in deinen Armen

möchte ich das Feuerwerk erleben

frohes neues Jahr mein Liebster

das wird unser Jahr

jeder Tag mit dir

voller Magie der Liebe

frohes neues Jahr für uns

möge das Glück uns nie verlassen

ich gehöre zu dir und du zu mir

ab jetzt für immer…

***

Der Abschied

der graue Abend

löscht langsam die Sonne

es ist Zeit

auf Wiedersehen zu sagen

ich sollte gehen

und mich von deinen Lippen lösen

aber das kann ich nicht

wie könnte ich deine Hand lassen

wenn die süßen Berührungen

auf meinem Körper immer noch brennen

ohne dich

gehöre ich nirgendwo hin

bis zu dem Tag

an dem wir uns wieder sehen

werde ich hier bleiben

mit einem leeren Herzen

und auf deine Liebe warten

die mich wieder zum Leben erweckt

es ist so schwer stark zu sein

wenn ich dich in jeder Sekunde brauche

ich bleibe hier und warte

bis du mich wieder küsst

***

Zwei einsame Planeten

unsere Planeten

in einsamen Umlaufbahnen

kollidierten zufällig

das Feuer der Explosion

überflutete uns

überraschend

jetzt begehre ich

nur die Hitze deiner Lippen

immer mehr

und mehr...

***

***

du bist da

in meinem Bett

deinen göttlichen Körper

könnte ich ewig betrachten

ich schaue tief in deine Augen

die Nähe ist berauschend

unsere Seelen grenzenlos verbunden

die Sinne vibrieren

im Takt deiner Berührungen

wie ich dich liebe

kann ich nicht beschreiben

in deinen Armen

ist mein Glück vollkommen

***

***

unsere Liebe

ein geheimer Garten

unnahbar für die Welt draußen

wir haben keine Uhren

weil es hier keine Zeit gibt

unsere Wörter schweben

wie bunte Schmetterlinge

voller Leichtigkeit und Licht…
lass uns für immer hier bleiben

***

***

meine Liebe zu dir ist gierig

braucht mehr und mehr

restlos

sie ernährt sich

von dem Duft deines Körpers

sie atmet mit deinem Atem

die Liebe

stirbt ohne dich

wie mein Herz

***

***

ich habe meinen Platz
auf der Erde gesucht
ich wollte finden
wo ich hingehöre

du kamst in mein Leben
hast mir die Heimat gegeben
wo du bist
gehöre ich hin

***

***

die Liebe

kam im Dunkeln

wie ein Dieb

zerbrach die Mauer meines Herzens

beherrschte meine Sinne

ich war wehrlos

gegenüber ihrer Macht.

***

eines Tages

werde ich in deinem Traum aufwachen

Kristallsterne

werden eine Fackel der Hoffnung entzünden

eines Tages

wirst du in meinem Traum aufwachen

ein Licht im Tunnel finden

du wirst nicht mehr allein sein

ich werde nicht mehr allein sein

wir werden in unsere Träume tauchen

bevor der Tag aufgehen wird.

Ab jetzt für immer

die Liebe hat uns gefunden

irgendwo

in unsrer Einsamkeit

und jetzt steht still die Welt

wenn wir uns lieben

den Sternen zugewandt

ab jetzt für immer

möchte nur

meine Träume mit dir leben

ab jetzt für immer

neben dir einschlafen

und aufwachen

bis ans Ende meiner Tage

***

Gib mir deine Liebe

gib mir deine Liebe
ich kann nicht mehr ohne dich sein
unsere Gefühle explodieren
wie an Silvester ein buntes Feuerwerk

wir ziehen uns magnetisch an
unsichtbares Band aus Licht und Sternen
verbindet unsere Körper stark
so ich gehe mit dir wohin du gehen willst

gib mir deine Liebe
küss mich, bleib nah
entflamme meine Sinne noch mal
ich möchte nicht ‚Auf Wiedersehen' sagen

noch nicht, bitte noch nicht jetzt
geh nicht, bleib bei mir mein Liebster
mein Herz tut weh ohne dich
gib mir deine Liebe noch einmal

***

***

du sagtest

ich wäre deine Sonne

dein Licht

deine Muse

für einen Moment

dürfe ich am hellsten strahlen

die Sonne ist untergegangen

für mich

ich sagte

du bist meine Sonne

mein Licht

meine Muse

für immer

darfst du am hellsten strahlen

die Sonne ist untergegangen

ich bin bei dir

***

der Anblick deines Körpers
entflammt meine Sinne
Liebesgeflüster
lässt meine Seele strahlen

ich begehre deine Nähe
jeder meiner Gedanken
jeder Atemzug
tut ohne dich weh

komm bitte mein Liebster
bedecke mich mit Küssen
berühre mich… ich brenne
lass uns im Himmel erwachen

***

du hast mich zum Leben
wachgeküsst
ich habe meine Augen geöffnet
und kann wieder alle Farben sehen

deine Liebe
erfüllt mein Herz
mit purem Glück
heilt meine Seele
rettet mich vor der Dunkelheit

***

***

wenn du mich liebst

lass mein Licht hell leuchten

im Dunkel habe ich Angst

ich bin es wert

für immer deine Hand zu halten

wenn du mich liebst

zeig es mir

dass ich alles dir bedeute

schenk mir bitte

eine Krone aus Sternen

***

Die Unendlichkeit

nur du kennst mein wahres Gesicht

nur dir

möchte ich meine Zerbrechlichkeit zeigen

weil ich weiß

dass in deinen Händen

ich bin geschützt

du gibst meinen Flügeln die Kraft

hochzufliegen

und tröstest mich wenn ich falle

nur mir kannst du

dein wahres Gesicht zeigen

nur ich

kenne deine Zerbrechlichkeit

du weißt

dass in meinen Händen

du bist geschützt

ich werde deinen Flügeln

die Kraft geben hochzufliegen

und bei mir findest du Trost

wenn du fällst

in der Unendlichkeit unserer Liebe

sind wir vereint

sind wir voller Licht

die Zeit steht still

nur du

nur ich

nur wir

für immer

***

Seit diesem Moment

seit diesem Moment
unser Leben hat begonnen
an deine Seite
gehöre ich hin

ich gebe dir meine Hand
weil du die Antwort
auf alle Gebete bist
du bist der Einzige für mich.

ich bin gesegnet
und seit diesem Moment
will ich dich lieben
solange ich lebe

***

DNA der Liebe

ich lächle mit deinem Glück
und leide mit deiner Sehnsucht
ich atme deine Freiheit
und blute mit deinen Wunden

wir haben nicht nach Liebe gesucht
die Liebe hat uns gefunden
unsere Seelen gehören zusammen
wir haben gemeinsame DNA

was auch immer passieren mag
nichts kann uns trennen
weil mein Herz schlägt in dir
und deins in mir

***

Wenn

wenn du mich küsst
schlägt mein Herz laut nur für dich
in meiner Seele blühen Rosen
nichts mehr kann mich verletzen

wenn du mich in deinen Armen hältst
fühle ich das Feuer unserer Liebe
und sehne mich nach deiner Nähe
nichts kann mein Verlangen aufhalten

wenn du neben mir schläfst
beschützen die Engel unsere Träume
wir sind geborgen unter den Sternen
nichts kann uns die Zukunft nehmen

***

Verloren in dir

du wartest auf mich im Bett

deine Haut strahlt im Kerzenlicht

ich schaue dich gierig an

und würde so gerne

deinen Körper wieder entdecken

ich küsse dich heiß und innig

spüre deine Nähe

nimm mich in den Arm

und halte mich fest

liebe mich

wild und leidenschaftlich

***

***

die Liebe

inspiriert Dichter

sie ist die Quelle der Hoffnung

für einfache Menschen

manchmal

sie beflügelt uns

dann lässt uns tief fallen

aber ein Herz ohne Liebe

stirbt vor Einsamkeit

deswegen

Liebe

ist die Antwort

auf jedes Gebet

***

***

du bist wieder da
der Klang deiner Stimme
entführt meine Sinne
vom hier und jetzt
ich verliere mich
in Erinnerungen

süße Versprechungen
rauben mir den Atem
sie leuchten bunt
in meinen grauen Tagen
ich möchte dich wieder lieben
und ertrinken in deinen Armen

***

Traum einer Sommernacht

45

langsam kommt der Schlaf

mein zärtlicher Liebhaber

in seinen Armen

verblassen die Sorgen des Tages

unter meinen Augenlidern

tanzen Träume

die Sommernacht

riecht nach Lavendel

du kommst leise zu mir

die Luft ist heiß

wie deine Lippen…

so fühlt sich Glück an

***

***

in deinen Armen
trocknen meine Tränen
du heilst
alle verlassenen Orte in mir

deine Liebe
zerstört die Mauern
die ich gebaut habe
um mein Herz zu schützen

***

***

wir hängen

zwischen vielen

unausgesprochenen Worten

und atmen die Ungewissheit ein

was bringt uns der Morgen

vielleicht

wirst du einfach so

in meiner Tür stehen

und erfüllen mit Liebe

alles in mir

oder

dein Schiff wird

einen anderen Kurs nehmen

und ich werde

in einem anderen Märchen aufwachen

***

dein schneller Atem

an meiner Schläfe

unsere durstigen Lippen

verbinden sich magnetisch

ich fühle deine Haut

wie ein Feuer

das entzündet meine Sinne

es erfüllt mich

verbrennt

in purer Leidenschaft.

***

ich möchte deine Lippen
auf meinen spüren
die Welt ist leer
wenn du nicht da bist
in einsamen Nächten
sehne ich mich
nach deiner Nähe

***

***

komm bitte
ich friere ohne dich
bin abhängig
von deinen Berührungen
komm bitte
ich brauche dich
zum Atmen

***

***

morgen darf ich endlich

dein geliebtes Gesicht sehen

ich kann es kaum erwarten

dich wieder in die Arme zu schließen

ungeduldig nehme ich alles

was ich von dir bekommen kann

bevor die Sonne untergeht

explodiert die Hitze unserer Körper

***

***

wenn du erschöpft
deine Augen schließt
werde ich da sein
beschütze deine Träume
mein Herzschlag
bringt dir Frieden

***

***

in der Nacht

wenn die Sterne leuchten

vermisse ich dich am meisten

ohne deine Nähe

tut mein Körper weh

ich würde so gerne

mich in deinen Armen verlieren

und einfach so

da bleiben

***

***

nimm mich mit

zum Himmel

lass uns zusammen

im Glück schweben

fühl meine Liebe

und bitte

hör nicht auf

mein Herz mit deiner Liebe

zu berühren

***

***

ich liebe es zu hören
wie du lachst
das weckt den Frühling
in meiner Seele

ich liebe deine Hand zu halten
wenn du neben mir gehst
die Sonne küsst unsere Gesichter
mein Leben fühlt sich wieder leicht

***

***

ich danke dir

dass du in meinem Leben bist

wie ein Schutzengel

mir das Licht gibst

mit dir

heilt meine Seele

ich kann alle Schatten besiegen

***

***

ich trage

im Herzen dein Lächeln

das hell leuchtet

in meinen schwarzen Nächten

deine funkenden Augen

spiegeln das Feuer

das in mir brennt

wenn ich dich ansehe

***

die Liebe geht

der Schmerz bleibt

das Herz bricht

leise

und unromantisch

die Leere

schreit

lautlos

und erdrückend

Die unerfüllten Träume

unter dem schwarzen Mantel
 der Nacht
erwachen
die unerfüllten Träume zum Leben
sie ernähren sich von Seufzern
der schlafenden Stadt

wenn die graue Morgendämmerung
die Straßenlaternen löscht
platzen sie wie Seifenblasen

und die Brise des Windes
lässt sie zum Himmel schweben
wo sie Gott
um Erfüllung bitten

***

***

die rostigen Blätter
fallen leise herab
der Herbstregen
überflutet meine Augen

du hältst noch meine Hand
nur einen kleinen Moment
aber dein Herz ist bereits bei ihr
wechselhaft wie das Wetter
gehst du von mir fort
wie das Glück im Sommer

***

***

mein gesunder Verstand
ist mit dem Stein in deinem Herzen
zusammengestoßen

mir fehlt die Kraft
unsere Liebe
in die Tiefe des Vergessens
zu stürzen

ich bete
dass die Sehnsucht
mich endlich leben lässt

***

Die Sehnsucht nach dir

eine dunkle Nacht

umarmt die Welt

mein Herz weint lautlos

verlangt nach dir

ich liege wieder schlaflos

und starre ins Leere

versuche jeden Moment mit dir

zu halten

die Erinnerungen an deine Nähe

brennen schmerzlich in meiner Seele

du sagst

dass ich geduldig sein soll

aber ich friere ohne dich

sehe keine Farben mehr

die Sehnsucht

beherrscht meine Sinne

lass mich bitte nicht mehr

in einer dunklen Nacht allein

***

wenn das Feuer

in deinen Augen erlischt

und der kalte Blick

mir den Atem nimmt

ich werde mein Gesicht abwenden

dass du meine Tränen

nicht sehen kannst

und sage dir leichthin

ist ok...

du verabschiedest dich schweigend

und gehst hinaus

verschwindest wie ein schöner Traum

im Morgengrauen

***

wo bist du mein Liebster
wer wiegt dich heute
in den Schlaf?
wirst du jemals wieder
zärtlich meinen Namen sagen?

es hatte nicht sollen sein
dass wir gemeinsam
bis ans Ende der Welt gehen
die unerbittliche Zeit
hat unsere Liebe besiegt

wo bist du mein Liebster
wer lebt heute
in deinem Herzen?
erinnere dich mal an mich
das ist alles was ich möchte

***

***

die Liebe meines Lebens

hat mein Herz gebrochen

und ist gegangen

mit dem letzten Atemzug von

Hoffnung

mir ist kalt

in unserem leeren Bett

ich friere

in meinem leeren Leben

***

***

der Winter stirbt wie die Liebe
es kommt der Frühling
aber nicht für uns mein Schatz
unsere Zeit ist vergangen
unerbittlich…

bevor der Wind verweht
die letzten Krümel
von unseren Erinnerungen
du gibst mir deine kalten Lippen
die schmecken nach Abschied
für immer…

der Frühling vor dem Fenster
erweckt die Welt zum Leben
die Blumen freuen sich
über die Farben des Regenbogens

wir werden

einen schönen Strauß machen

und zum Grab unserer Liebe

tragen…

***

***

sie schläft neben dir
und kann deinen Atem spüren
auf ihrem Gesicht
in deiner Nähe
träumt sie ihre Träume…

ich bin nur der Wind
der dir Wärme bringt
und Worte voller Liebe flüstert
ich bin wie der Wind
unsichtbar und auf Durchreise

***

Komm bitte nach Hause

mein Geliebter

komm zurück nach Hause

die Erinnerungen

leben immer noch in uns

meine Liebe wird deine Seele

mit dem Licht erfüllen

mach deine Augen zu

und fühle mich

vertraue

komm zurück

ich werde deine Wunden heilen

ich beschütze dich

vor der grausamen Welt

komm bitte zu mir zurück

ich vermisse dich

mit jedem Atemzug

***

Eine einsame Nacht

ich bin alleine
unter dem Sternenhimmel
würde so gerne bei dir sein
in dieser Nacht

ich hoffe
dass du auch zum Himmel
schaust
und an mich denkst

wenn ich die Augen schließe
kann ich deine Lippen spüren
- oder ist es der Mond
der meine Tränen weg küsst?

***

***

die Nächte ohne dich
sind einsam und leer
ich habe mich noch nie
so verloren gefühlt

ich kann gar nichts tun
um dich zu mir zurückzubringen
die süßen Erinnerungen an Liebe
brennen schmerzhaft in mir

***

***

du hast mich wieder verletzt
ich fühle mich stumm
weit weg von der Sonne
mein Herz ist tiefgefroren
wie deine Seele…

ich habe Angst
dich zu verlieren
wenn ich dich verliere
- verliere ich mich…

***

***

in der wahnsinnigen

blind rasenden Welt

haben wir

die Magie unserer Liebe

verloren

heute

schaust du mich nicht mehr

mit verliebten Augen an

ich bin nicht

dein erster und letzter Gedanke

heute

gibt es UNS nicht mehr

***

***

schon morgen

werde ich weit weg fahren

mit einem One-Way-Ticket

in einen kleinen Koffer

werde ich Mut einpacken

und die vergangenen Tränen

vergessen

ab morgen

werde ich

meine Träume wahr werden lassen

einen nach dem anderen

ich werde alle glücklichen Momente

im Herzen festhalten

um sie nie wieder zu verlieren

schon morgen

ganz bald…

jetzt muss ich nur den Sturm

überstehen

und alle schwarzen Wolken

in meinem Kopf zerstreuen

wieder

zum Leben erwachen

***

***

ich stelle dir keine Fragen mehr

habe aufgehört zu betteln

zu erklären

nach Antworten zu suchen

keine Gespräche mehr

keine Tränen

so ist das am Ende

nur noch Stille um uns

***

Zu spät

ruf nicht mehr an
zu spät für Worte
du hast mich nicht geliebt
als ich es wie Luft brauchte
du hast mich nicht geliebt
als die Liebe das Wichtigste war

ruf nicht an
zu spät für Tränen
ich habe dir alles gegeben
ohne einen Funken von Hoffnung
vergiss mich
deine Hand ist zu leicht
um dir einen Schatz anzuvertrauen

***

halt mich fest
geh bitte nicht
unsere Zeit
ist noch nicht vorbei
so viel wartet auf uns
bleib
die Nacht ist so warm
lass uns die Sterne zählen
und träumen
von einer besseren Welt

***

***

ich bin wieder alleine

in der Mitte meines Universums

so verloren

höre ich leise

wie die Sterne weinen

verzeih mir

dass ich dich liebe

***

***

schon wieder

muss ich mich sammeln

tausende Scherben

zusammenpuzzeln

meine kleine Welt

vor dem Absturz retten…

schon wieder

frage ich mich

warum ich dir ein zweites Mal

vertraut habe

und nach Liebe suchte

wo statt einem Gesicht

eine Maske war

***

***

der Klang deiner Stimme

nimmt mich mit

auf eine Reise

zu dem schönsten Garten

wo die Rosen

so betörend duften

wie deine Nähe

ich schaue dir tief

in die Augen

und sehe all die Träume

die ich mich nicht

gewagt habe zu träumen

durstig trinke ich Orangensaft

von deinen Lippen

***

Danksagung

Ich möchte die Gelegenheit nutzen, um meinen tiefsten Dank für die Unterstützung bei meinem Buchprojekt auszusprechen.

Lieber Gerhard A. Spiller, danke für Deine ermutigenden Worte, Dein wertvolles Feedback und Deine Bereitschaft, mir in allen Phasen dieses Projekts beizustehen. Danke für die Zeit und Mühe, die Du investiert hast, um mein Herzensprojekt zu unterstützen.

Lieber René Oberholzer, danke für Deine Hilfe, Ratschläge und Motivation. Dein Engagement bedeutet mir sehr viel.

Mein ganz besonderer Dank geht an meine Kinder Mateusz, Oliwia und Christian, die mich stets motiviert haben und Teil dieses Projekts waren. Ich liebe euch!

Vielen Dank an alle Leserinnen und Leser, die sich ihre wertvolle Zeit genommen haben, um mein Buch zu lesen! Ich hoffe, ich konnte euch berühren und für einen kurzen Moment in die Welt der Träume versetzen.

Sylwia Krawczak
Oktober 2023